AF398531

Herstellung und Verlag: Books on Demand GmbH, Norderstedt

ISBN 3-8334-3258-6

Paul Lindner

Wurf gen Himmel

Photographie einer Nacht

Die Illusion legt sie unters Kopfkissen
mit Mühe die kleinste Nähe orten,
bevor die beiden Schwestern
ihr Neglige unter sich teilen –
Sehnsucht und Ferne

Ein Unfall als sie über Liebe fiel
und an Träumen zerschmetterte
Schlaflosigkeit pumpte das Herz ins Blut

All ihr Sex
die Koketterie
und der Mond – ein Blitz!
Voller Anmut
reichen sich Sterne ihre Bilder

Erkennen wirst du die Grenzen
und ihre auch –
so schlafe weiter und sieh

Der Sternenverlag hat eine Sonderausgabe
des Playboys rausgebracht!

Willst du?

Will dir -
sonnenmäßig in die Haut
mit einnehmendem Konzert der Grillenkapelle
zwischen Betonplatten.

Lindernd der Regen
Abenteuer
das Rauschen hinter dem Fenster
Stimmen im Kopf.

Parteiflügel
und Flügel der Vögel.
Jedem Herzen eine Insel.

Ein Lächeln den Pfad ebnend
bis zu den entferntesten Kapillaren.

Schatten

Registriert noch als Kind
bewegte das Nachdenken
über die Gestalten

und das eigene Ego
flackerte

Ist das Licht heute anders?

Die Grauzonen erfolglos
scheint es tilgen zu wollen

unter den Augen
die Jahresringe –
kosmetisch kaschiert

***

Die Berührung fehlt
wie Beweise Seiner Existenz
die uns nur Skizzen und Umrisse

Wem die Wahrheit?

Es verlangt sie
der Klang der Flügel,
der Puls,
Hüter der Stille
und Gesichter mit kindlicher Neugier,
der Hund.

Magie
am 181 Grad
ostwestlicher Länge.

Grasen is sexy

Singen wir! Singen wir!
Tschernobyl im Gehirn!

Zeitbrechend
direkt aus der Hölle –
diterbohlisch!®

Grasen grasen is n' Blues
jede Kuh und Bulle muss

Bulle: - Gib mir Milch du fette Kuh!
Kuh, (magersüchtig): - Erst dein cumshot
Bulle: - Hier ein headshot!
[*Bulle bläst ihr eine Graswolke ins Maul, worauf sie ihm
eine bläst ...*]

Grasen grasen is n' Blues
jede Kuh und Bulle muss

***

Ejakulation der Sinne
Schokodragees fallen mir aus dem Kopf –
wieder zum Jäger und Sammler mutiert

Bulle: - Ich zieh jetzt ein Gummi über
[*Fühlt die zarte Spannung des Preservativs um seine*
Synapsen, wedelt dazu glücklich mit dem Schwanz]
Kuh, (katholisch): - Gut, das ist Schutz! Stecke ihn
nun ein
[*denkt: „Bei meinen Eutern, das ist Schmutz!" Ihren*
Schwanz zieht sie ein]

Grasen grasen is n' Blues
jede Kuh und Bulle muss

Ich bin

An keinem Sandstrand
wo die herzlosen Körper liegen
wie leere Muscheln –
da steh' ich

Gehängt nach der Gehirnwäsche
die Revolution ausgebügelt
nun zwischen den anderen im Schrank
könnte ich liegen

Das Säbelrasseln und Winseln – unhörbar
blinde Armeen – unsichtbar
ich? – dem Garn entlang –
pochender Rinnsal–Rot

***

Wenn ich sie sehe höre ich sie nicht
und nie erfasst der Blick
den bewegenden Sinn ihrer Lippen
aerodynamisch fließt er
am Gesicht entlang
vorbei an Fragen und hinein
in die träumerische Banalität –
Ich liebe dich!

Greifbares

Wachtürme
und Wälle
deiner Seele
erstürme

Jetzt
und in Ewigkeit
die Wirklichkeit
hetzt

Zeit drängt
ihr Ultimatum
unser Fatum

Versenkt —
nur eine Spur auf dem Pfad
eine Kerbe am Rad

Bekennerschreiben

Wegen dem Anschlag eurer Hast
unseren Bitten
die zerknüllt im Papierkorb

Absagen und Drohungen
zigfach kopiert
termingerecht mit der Post

Den maskierten Lügen wegen
in den oberen Etagen
aufgrund leerer Taschen in den unteren

Angeschlagen noch vom Angstanschlag
des Apparats
heimlich geschrieben und aufgehängt

Ein Döner in der Hand

Über den Skylines
Daimler–Benz–Sterne.
Nächtliche Clochards
an den Bahnhöfen,
der leeren Warteräume verwiesen.

Und ich seh dich nackt
zwischen der Kohle tanzen:
dreckig, warm –
das Lachen –
noch unverbindlich.

Grasen is sexy – Reloaded

Wiederkäuer der Weingummis
dieser komatösen Mösen –
bis über die Lippen geladen.

Bullen – trivi(t)al
die Zellenkastration setzt ein

Grasen grasen is n' Blues
jede Kuh und Bulle muss

Bulle: - Bist du dicht?
Gott-Autor: - Das frag ich dich!
Bulle [Unsicherheit verursacht den Kaustop–Effekt]: -
Hmm???
Gott-Autor [mit schalendem Lachen]: - Dicht ist das
Gedicht!

Grasen grasen is n' Blues
jede Kuh und Bulle muss

***

Wie Blasen platzen sie
in der Herausforderung der Aufgaben
im nuklearen Sturm

Kuh: - Was stierst du so? Du frisst und fickst nur!
Bulle [eine lästige Fliege verscheuchend]: - Halts Maul du
Kuh. Bist so stur!
*[Schaut lüstern auf ihren von Dünnschiss bespritzten
Arsch]*
Kuh (stierig): - Sei bitte nett, wenn's auch nur zum
Schein.
Bulle: - Is mir zu doof, da geh' ich ein

Grasen grasen is n' Blues
jede Kuh und Bulle muss

Peinliches Geständnis

Deine Augenfarbe
jenseits der Kontaktlinsen
ist mir entfallen

Gewähre mir den Moment
der geistigen Versunkenheit
im glasigen Blick –

ich komm drauf ...

***

Die Läuterung in Kriegen
gegen jene und mich;
verloren und gewonnen,
wie Mohammed.

Bereut, gebeichtet –
und wieder vom Neuen ...,
wie der Katholik.

In der Askese geübt,
wie ein Buddhist.

Deinem Lächeln hinterher,
wie der Teufel.

Zögern

Eine Zeitspanne wie ein Kaugummi
mal die Breite deiner Flügel
und die Konstante am Horizont
gleichen deinem Traum
der dort Wurzeln schlägt.

Eine Sekunde bevor du sie streckst
bevor du die Scheibenschichten durchbrichst
das rostige Gitter passierst
und er dich mit sich nimmt
zündest du eine Zigarette an.

Der Kuss

Legst die Stirn in Falten –
zerfurchte Konzentration.
Die Falter drehen sich einmal
oder zwei.

Die Explosion reißt dich mit sich,
die Granattöne
splittern und blenden angenehm –
deine Gestirne

... und dein Tag
ist heute!

Und noch davor ...

Zuerst tausendmal
wirst du mit ihr schlafen
lange vor dem ersten Mal.

Wie ein Filmstar ihr Retter sein;
jede Nacht ein Held,
der nur im Leben stolpert.

Des öfteren stirbt sie auch –
deine Verzweiflungsvariationen – grenzenlos.
Und sie balanciert entlang der Naht,

von der du träumst.

Feldflur

Angst und Kleider abgelegt
der Anlauf ist lang
Höhe und Grund unbekannt

Ich stoße mich ab –
ein Sprung in die grüne Grotte
wo Licht und Mohn

Glück

Das Insekt –
haarscharf an der Autoscheibe vorbei,
ein Fund,
unerwartet, passend.
Deine warme Hand,
die mir zugespielt,
wie ein junger Gott,
nicht zu fassen!

Die uns nicht bekannte Stunde,
die zur rechten Zeit schlägt,
sie, die uns Brüder,
das Haus, das offen steht.
Eine klaffende Wunde,
gleich einem Wolkenriss,
verheißt einen Lichtverband –
macht die Augen auf und seht!

Der Staubsauger

Ich führ' das Rohr
geschickt in jede Ritze,
sorg' dafür,
dass nichts staubt.

Deine Tabletten

Wir rollen in den Schlund des Konsumenten
wie weitere Schokoladenbonbons

Mandelentzündung vom Geschwätz
von der Lüge einen schlechten Atem

Wir sind die Glückspillen
die ihm Angst machen

Der Kampf

Ich träume das Schwert:
Stich den Zweifeln,
schlag die Trägheit,
Schnitt den Ängsten,
mein Ich – mein Feind.

Das Katana zurück in die Scheide,
die Traum von Wirklichkeit scheidet,
seine Hülle ist.
Erwachen in ihr heißt:
den Kampf einstellen –
ich bin müde.

Karma

Im geschwätzgepeitschtem See
festgekettet am unauslotbarem Grund
ich –
eine unwissende Boje

Wird ein Schiff an mich Halt suchen?
ich treibe auf der Stelle
mein Positionslicht nur dir
mein Lack vergilbt

Gegen den Vernunftstrom
losgerissen und rostend
in deine Umarmung
Ozean

Deiner erinnere ich mich
wieder
und
wieder

Gen Himmel

Die Zunge streift leicht,
wie ein Fächer.

Die Augen öffnend
hinter einem Blaufilter,
das Parfüm der Sonne
auf der Haut.

Wunder–Bar–Zahlung
über Fingerkuppen,
das schicksalhafte Herzrasen,
an das die Menschheit immer noch glaubt.

Ich halte alles aus,

deine Schlusslichter,
die nur in Träumen wiederkehren.

Den Zahnarzt,
der in meinem Maul rumhantiert
ohne Betäubung.
Bildersequenzen –
PANG! BOOM! Du bist tot! –
ohne Bedeutung.

Das Gejammer der anderen, die nicht sehen,
dass auch ich gern in ihren Augen
manchmal einen Beichtstuhl aufsuchen würde.

Die holprigen Straßen,
über die mein Drahtesel stolpert
mit einem schweren Kater;
oh, durch meine Schuld,
durch meine Schuld,
durch meine große Schuld.

Die hohe Wortinflation,
den Abschied, der keins war,
den leeren Blick.

Klagen? – ich nicht ...

Nur den fernsten Wegweiser,
den kleinsten Pfosten
zum Anlehnen.

(Wer das Aufgeben aufgibt
verringert das Risiko schwerer Erkrankungen)

Grasen is sexy - Revolution

Grün hinter den Ohren
$ & §
die Sonne schien ihnen aus dem Arsch

In der Hitze verdampft –
Rinderwahn

Grasen grasen is n' Blues
jede Kuh und Bulle muss

Bulle (erleuchtet): - Wir haben Scheiße konsumiert
Kuh: - Mit Scheiße waren wir liiert
[Beide schieben einen Megafilm über ihr Leben]

Grasen grasen is n' Blues
jede Kuh und Bulle muss

***

So genannter Bullshit:
IQ der Kuh
Reset–Taste gedrückt

Bulle (vergeistigt): - Es ist absurd!
Kuh: - Also doch Wiedergeburt!
*[Kuh denkt in der raumlosen Ruhe: „Wie wird wohl mein
nächster Körper sein?]*
*[Bulle sinnt verstrahlt: „Och, Gott-Autor, beim nächsten
mal bitte ohne Pein]*

Die Moral:
der Schwanz ist nicht aus Stahl
die Fotze ist kein Stall

Wozu

Wozu schreiben
wenn sie nicht lesen

oder sie lesen
nur begreifen nicht

oder begreifen
aber handeln nicht

oder handeln
doch bewirken nichts

oder bewirken etwas
nur nicht genug

für eine Hoffnung auf Besserung

***

Man lacht sie aus
eine Zeitlang
tragen sie das Kreuz
dann:
lesen sie die Warnungen
begreifen ihren Irrtum
handeln sofort
bewirken das Ende der Belagerung
den Rückzug des Mobs
die eigene Kapitulation

also wozu

Enter

Den EQ,
wie hoch er sein mag –
formatieren.

Alles, was sie anbieten –
bedenklos
kopieren.

Andersdenkende – bearbeiten.
Kontrolldateien – einfügen.

Terroristen, wie Viren –
löschen.

Eine Boxkampf–Ballade

Wieder stehen sie im Ring:
Emotion und Vernunft.
Und ein neuer Kampf entbrennt;
der Siegeskranz – die nahe Zukunft.

Gebrüll erhebt sich auf den Plätzen
- Die Bedachtsamkeit muss siegen!
Doch der Menge stiller Wunsch
- Das Verlangen soll vorn liegen.

Geschwind erfolgt der Schlagabtausch –
der Mensch denkt, hat zu leiden.
Nur die Zeit, ein rechter Richter,
kann zu Gunsten beider entscheiden.

Da! ein Fausthieb der Verführung
auf die Bretter schickt die Zweifeln.
Die Besinnung schmeißt das Handtuch,
lässt die Frucht der Lüste reifen.

Befriedigt und zufrieden
verlässt das Herz die Tribüne.
Das Gewissen wartet draußen,
verteilt am Ausgang seine Sühne.

Wir und sie

Sie nörgeln
kaufen verkaufen
das gute Leben
ist stets zu teuer

Wir lachen
und züchten Engelstrompeten
für den großen Abflug –

ohne Schleudersitz
ohne Landebahn

Die Mauern von Jericho werden fallen

Freiheit

Es gibt diese Einheit
am Horizont zerstreutes Ego
verstaubte Grenzen
in Erinnerung oder Vergessenheit geraten

Könnte hier bleiben
gehe überallhin und komme nirgends an
berührt von der Stille
in Zimmern der Schlafenden

Der Heiland

Sieh in meine Augen

den zerbrechlichen Leib fixieren Strahlen
der Verkehr mit dem Blau
bediene dich des Grüns
quälende Fragen und Zweifel – rührt euch!
Hast du es durchschaut mein Freund?

Überzeuge mit Gesten

verabreiche Hoffnungspillen
Salbe der wärmenden Gedanken
auf Wunden
Verbände aus klarem Himmel
tropfe vom Sirup deiner Träume

Aus meinen Lippen

dein Wunschkonzert
gegen Dezibelattacken
die Mitgefühl betäuben
höre prophylaktisch
tanze die Schatten aus dem Körper

Stell dir vor
erkläre es dem Herzen
verbinde ...

Auf Reise

Ich weiß vom Wiegen der Bäume
die mich wiegen.

Die Strömung bringt und nimmt
spät das eine früh das andere
dünkt uns
lächelnde und verzerrte Spiegelbilder
in ihrem Verschwimmen.

Im Dialog mit den Schwächen
dem Hund an der Leine
Fisch am Haken.

Nicht zu schnell vorwärts —
in Viertelnotenschuhen.
Mit einer Fahne in meinen Farben
Wirrwarr im Herzen.

Beim Sonnenaufgang

Schale
aus Wolkensplittern gezimmert
Vogelbad für Himmelsstürmer
Trinkbecher der Visionäre

Wie lang waren wir hier
Sklaven am Fenster
statt Selbsterlösung
auf Erlösung wartend

Über uns Blinde
gequält vom Wissensdurst
kommt flüssiges Licht
aus dem Gral der Morgendämmerung

Himmelsbote

Alles haftet an dir
das Auge
der Schatten
das Make–up;
gespannt und still
elektrostatisch

Der Schlag soll mich treffen
wenn ich dich berühre!

Die Regeln der Welt

Wir halten uns an sie
ungewiss
ob sie uns dafür entlohnt
eine Krone aufsetzt
anerkennt

Folgen wir ihnen nicht
so ist's ungewiss
ob sie uns dafür vernichtet
durch die Straßen schleift
demütigt

Ungewiss scheint auch
ob die Welt der Lebenden
nicht die Welt der Toten ist
und die Welt der Toten
nicht wahrhaft lebendig ist ...

Barrikade

Von der Mauer aus Wracks und Schutt
wo Zwiespältigkeit verschwimmt,
das Misstrauen mit der Ebbe
und Zweifel in den Wind.

Fanatisch mit dem Glauben jonglierend,
Phantasien aus den Angeln heben,
hangeln über Spinnweben der Erinnerung.

Trübe Täler und Augen,
wehmütige Gipfel und Totenglocken –

zum Greifen nahe.

Bin verzaubert,

tupfe dir Andeutungen aufs Herz,
vorsichtig, sachte,
Verletzungsgefahr! –
alles noch offen

Und Worte wickeln
um das pulsierende Rot,
nicht zu schlaf, nicht zu stramm –
weiß, beinah steril

Keine Grenzen, nur Eingrenzungen,
nicht zu schlaf, nicht zu stramm,
für Augenblicke meins

Unbändiges Trommeln,
der Feuerball birst
und ich lasse ihn verbluten

Die Krähe

Zu diesem Zeitpunkt am wenigsten erwartet
die Landung auf der Dachrinne

Gleich einem Bulldozer schob ihr Geschrei
den Schlaf von meinen Augen fort

Klar die Botschaft
mit einem tiefen Atemzug in mir

Abschied und Aufbruch ohne Verzögerung
Verantwortung und Proviant auf den Schultern

Folge dem Leid
das ich zu lindern wünsche

... versuch es geht